In

# 100 Minuten

zum

## *Sinn des Lebens* !

Dietmar Pritzlaff

Über den Autor:
Dietmar Pritzlaff engagiert sich ehrenamtlich als Gemeindeleiter in der >Freien Gemeinde Datteln – Wendepunkt<.
Daneben ist er Gründer der geistlichen Consulting Agentur >ASK-Consulting<.
Zudem hat er bereits mehrere Bücher zu theologischen und wissenschaftlichen Fragestellungen verfasst.

*Mehr Informationen finden Sie im Internet:*
*www.wendepunkt-datteln.de*
*www.ask-c.de*
*www.gott-to-go.de*
*www.sinn100.de*
*www.amazon.de (Suchbegriff: „pritzlaff dietmar")*

Um sich nicht „mit fremden Federn zu schmücken", möchte der Autor an dieser Stelle darauf hinweisen, dass einige Passagen im vorliegenden Buch auf Anregungen basieren, die er aus den folgenden Büchern erhalten hat:
*„Wozu um alles in der Welt lebe ich?!"*, Rick Warren, 5. Auflage 2007, Gerth Medien GmbH, Asslar
*„Wenn das Spiel zu Ende ist, landet alles wieder in der Kiste"*, John Ortberg, 1. Auflage 2007, Gerth Medien GmbH, Asslar

Die zitierten Bibelstellen sind der Übersetzung „Hoffnung für Alle", Brunnen-Verlag, Basel und Gießen entnommen.

Herstellung und Verlag:
Books on Demand GmbH, Norderstedt
ISBN: 978-3-8370-8349-1

# Inhalt

*Wer keinen Sinn im Leben hat, ist nicht nur*
*unglücklich, sondern kaum lebensfähig.*
*Albert Einstein*

## Die fundamentale Frage

Was ist der Sinn des Lebens?
Wozu um alles in der Welt lebe ich?!
Was gibt meinem Leben einen Sinn?

Die Frage nach dem *Sinn des Lebens* ist die wichtigste Frage, die sich ein Mensch in seinem Leben stellen kann.

Glückwunsch, dass Sie es tun!

In den nächsten 100 Minuten (Ich verspreche Ihnen, es dauert wirklich nicht länger ☺) werden Sie erfahren, was der christliche Glaube zu dieser fundamentalsten menschlichen Frage zu sagen hat. Sie werden nach dem Lesen des Buches eine Antwort darauf haben, was der *Sinn des Lebens* aus der Perspektive der Bibel ist.
Nicht mehr und nicht weniger.
Dieses Buch soll daher keine Abhandlung darüber sein, welche Religion welche Anschauung vertritt oder zu welchen Schlussfolgerungen die Philosophie gekommen ist. Es geht mir auch nicht darum, Ihnen einige Selbsthilfe-Tipps an die Hand zu geben. Das Buch wird Ihnen auch nicht dabei helfen, Karriere zu machen, Ihre Träume zu erfüllen oder Ihr Leben zu planen.
Es geht auch nicht darum, wie Sie noch mehr Aktivitäten in Ihrem ohnehin schon überfüllten Terminkalender unterbringen können.

Es geht mir vielmehr darum, dass Sie sich auf das konzentrieren, was wirklich wichtig ist.

Den Sinn für Ihr Leben finden!

Ich will Ihnen zeigen, was der Gott der Christen zu dieser wichtigsten Frage zu sagen hat.

Mit Ihrer Suche nach einer Antwort sind Sie, wie Sie sich vielleicht schon denken können, nicht alleine. Die Suche nach dem Sinn und dem Ziel des Lebens beschäftigt die Menschen in jeder Generation aufs Neue - unabhängig von ihren religiösen und kulturellen Hintergründen.

Wie geht es Ihnen mit dieser Frage?
In welcher Situation stehen Sie derzeit?
Was erhoffen Sie sich vom Leben?

Sie sind vielleicht erwartungsvoll in das Leben gestartet und jetzt, nach einigen Jahren, merken Sie, dass das Leben nicht so verlaufen ist, wie Sie es sich erträumt hatten? Möglicherweise haben Sie den leisen Verdacht, dass all die Dinge, die Ihnen bisher so sinnvoll erschienen, Ihnen letztendlich doch nicht ein tiefes, sinnerfülltes Leben schenken können?

Da ist die Frau, deren Mann Sie gerade verlassen hat und die jetzt alleine mit Ihren 2 Kindern zusehen muss, wie Sie Ihr Leben geregelt bekommt. Sie hatte soviel Hoffnung in eine erfüllte Ehe und in eine glückliche Familie gesetzt.

Da ist der 8-jährige Sohn, der für die Eltern das lang ersehnte Wunschkind war, plötzlich an Leukämie erkrankt. Die hilflosen Eltern kämpfen mit ihrem Schmerz und fragen, „warum gerade unser Kind?"

Da ist der Vertriebsleiter, der jahrelang gute Umsätze für seine Firma eingefahren hat. Jetzt wird seine Position durch einen jungen Hochschulabsolventen besetzt. Der soll mehr Biss haben...

Da ist der überzeugte Single. Die Namen seiner Verflossenen bekommt er nicht auf Anhieb zusammen. Aber die echte Liebe hat er bisher noch nicht gefunden.

Da ist der stolze Hausbesitzer, der seit 35 Jahren an seinem Traumhaus gebastelt hat. Jedes Wochenende gab es etwas anderes zu tun. Jetzt, wo er seinen Platz im Altenheim sicher hat, will keines seiner erwachsenen Kinder in das Haus einziehen.

Da ist der Schalke-Fan, der seit Jahren die Dauerkarte abonniert hat. Für ihn ist sein Verein das Größte. In letzter Zeit, wenn die Mannschaft mal wieder verloren hat, kommt in ihm die Frage hoch, ob die mit Millionen bezahlten Spieler ihm jemals den Wunsch nach der Meisterschaft erfüllen werden.

Da ist die Angestellte, deren Tagesablauf sich in den letzten 20 Jahren nicht merklich verändert hat. Bis auf einen Höhepunkt im Jahr – der Urlaub auf Mallorca – ist ihr Leben ziemlich eintönig. Sie hat sich schon einmal heimlich die Frage gestellt, ob dass wohl alles im Leben gewesen sein soll.

Wie geht es Ihnen?

Immer wieder kommen Menschen an den Punkt, dass sie kein tragfähiges Lebensziel finden. Das, was sie sich als *Sinn des Lebens* für ihr Leben ausgesucht hatten, erweißt sich nicht als solches.

Warum ist das so?
Das liegt zum einen daran, dass der Mensch am falschen Ende anfängt zu fragen – nämlich bei sich selbst.
Wir stellen Fragen, die sich um uns drehen.

Was will ich werden?
Was soll ich aus meinem Leben machen?
Wie sehen meine Ziele, meine Träume, meine Vorstellungen von der Zukunft aus?


Wie kommen Sie jetzt weiter?
Wie können Sie herausfinden, welchen Sinn das Leben hat?

*Ich wundere mich nicht darüber: die Wahrheit zu sagen ist nützlich für den, dem man sie sagt, aber nachteilig für die, welche sie sagen, weil sie sich verhasst machen.*
*Blaise Pascal*

## Die Möglichkeiten

Sie haben genau zwei Möglichkeiten:

### Die eine Möglichkeit ist Spekulation.

Diesen Weg wählen die meisten Menschen. Sie vermuten, sie raten, sie stellen Theorien auf, und wenn sie dann am Ende sagen:
>> Ich denke, der Sinn des Lebens ist … <<,
dann meinen sie eigentlich:
>> Dies ist der beste Weg, den ich für mich gefunden habe. <<

Schon seit Tausenden von Jahren denken brillante Philosophen über die Frage nach dem Sinn und dem Ziel des Lebens nach.
Die Philosophie ist ein wichtiges Fach und hat ihre Berechtigung, aber bei der Frage nach dem *Sinn des Lebens* stellen auch die weisesten Philosophen nur Vermutungen an.

Dr. Hugh Moorhead, ein Philosophie-Professor an der Northeastern Illinois University, schrieb in den achtziger Jahren die 250 bekanntesten und berühmtesten Wissenschaftler, Philosophen und Denker der Welt an und fragte sie nach ihrer

Antwort auf die Frage nach dem *Sinn des Lebens*, die er dann in einem Buch[1] veröffentlichte.

Einige schrieben ihm ihre Vermutungen in Bezug auf den *Sinn des Lebens*, andere gestanden, sich selbst einfach irgendeinen Sinn für ihr Leben gesucht zu haben, und wieder andere gaben zu, auf diese Frage keine Antwort zu haben.
Einige dieser berühmten Intellektuellen baten Professor Moorhead sogar, ihnen den *Sinn des Lebens* mitzuteilen, falls er ihn gefunden habe.

Sie können auf dem Weg der Spekulation auch die unterschiedlichste Literatur zu Rate ziehen. Es gibt heutzutage unzählige Bücher, die Hilfen anbieten, wie man Sinn und Ziel des Lebens finden kann. Alle gehören zu den so genannten Selbsthilfe-Büchern. Sie haben eines gemeinsam – sie gehen von einem Ichbezogenen Standpunkt an das Thema heran.
Solche Bücher, bieten normalerweise alle die gleichen, vorhersagbaren Schritte an:

*Denken Sie über Ihre Träume nach.*
*Machen Sie sich bewusst, was Ihnen wirklich wichtig ist.*
*Setzen Sie sich Ziele.*
*Finden Sie heraus, wo Ihre Gaben liegen.*
*Nehmen Sie sich viel vor.*
*Lassen Sie sich durch nichts abbringen.*
*Seien Sie diszipliniert.*
*Glauben Sie daran, dass Sie es schaffen können.*
*Beziehen Sie andere mit ein.*
*Geben Sie niemals auf.*

---

[1] *The Meaning of Life According to Our Century's Greatest Writers and Thinkers. Chicago: Chicago Review Press, 1988*
Im Internet finden Sie weitere Informationen dazu unter: http://www.themeaningoflife.co.nz

Diese Ratschläge führen oft zu großem Erfolg. Viele Ziele sind erreichbar, wenn man sich mit ganzem Einsatz darauf konzentriert.

Aber im Leben erfolgreich zu sein und sinn- und zielorientiert zu leben sind zwei grundsätzlich verschiedene Dinge.

Sie können alle Ihre persönlichen Ziele erreichen und nach menschlichen Maßstäben überaus erfolgreich sein und dennoch den Sinn und das Ziel für Ihr Leben verfehlen.

Solange Sie nur um sich selbst kreisen, werden Sie das Ziel Ihres Lebens nie wirklich finden. Ich bin überzeugt, dass im Gegensatz zu dem, was in vielen Seminaren und Büchern vertreten wird, Sie den Sinn und Ziel Ihres Lebens nicht finden werden, wenn Sie nur auf sich selbst schauen.

Vermutlich haben Sie das auch schon versucht.

Glücklicherweise gibt es aber eine Alternative zu der Möglichkeit, über den *Sinn des Lebens* reine Spekulationen anzustellen.

**Die Alternative heisst Offenbarung**.

*Wir rennen sorglos in den Abgrund, nachdem wir irgendetwas vor uns hingestellt haben, um uns daran zu hindern, ihn zu sehen.*
*Blaise Pascal*

## Der Fingerzeig

Da Sie sich nicht selbst erschaffen haben, können Sie sich letztendlich auch keine Antwort darauf geben, wozu Sie erschaffen wurden! Sie kommen mit Spekulation nicht weiter.

Wenn ich Ihnen eine Erfindung in die Hand geben würde, die Sie vorher noch nie gesehen hätten, würden Sie Sinn und Zweck dieser Erfindung nicht verstehen. Und auch die Erfindung selbst könnte Ihnen dies nicht mitteilen. Nur der Erfinder oder eine Betriebsanleitung könnten Ihnen den Sinn und Zweck erklären.

Genauso wenig können Sie den *Sinn Ihres Lebens* finden, wenn Sie sich nur auf sich konzentrieren.

Wenn Sie wirklich wissen wollen, warum Sie sich auf diesem Planeten befinden, müssen Sie mit Gott anfangen. Denn Sie sind von ihm aus voller Absicht und für sein Ziel erschaffen worden. Ich bin zutiefst davon überzeugt, dass Jesus der Menschheit und damit auch Ihnen und mir eine erfüllende Antwort auf die Sinnfrage gegeben hat. Sie sind auf dieser Welt, weil Gott will, dass Sie existieren. Sie sind von Gott erschaffen und Sie sind für Gott erschaffen.

Nur in Gott finden wir unseren Ursprung, unsere Identität, unseren Sinn, unsere Bedeutung und unser Ziel. Jeder andere Weg führt in eine Sackgasse.

Der einfachste Weg, den Sinn einer Erfindung heraus zu finden, besteht darin, den Erfinder selbst zu fragen. Das gilt auch in Bezug auf den Sinn unseres Lebens.

Fragen Sie Gott!

Wir sollten uns daher anschauen, was Gott in seinem Wort zu dieser Frage zu sagen hat.
Gott lässt Sie und mich in dieser Frage nicht alleine. Er zeigt Ihnen in der Bibel ganz deutlich den Sinn und das Ziel für Ihr Leben auf.
Die Bibel ist die Betriebsanleitung für unser Leben, die uns erklärt, warum wir leben, wie unser Leben funktioniert, was wir vermeiden sollten und was wir von der Zukunft erwarten können.
Sie erklärt, was weder Selbsthilfeliteratur noch Philosophen wissen können.
In der Bibel lesen wir z.B. folgendes:

*Die Weisheit, die wir verkünden, ist Gottes Weisheit. Sie bleibt ein Geheimnis und vor den Augen der Welt verborgen. Und doch hat Gott, noch ehe er die Welt schuf, beschlossen, uns an seiner Weisheit und Herrlichkeit teilhaben zu lassen.*
*Paulus in 1. Korinther 2,7*

Gott ist nicht nur der Ausgangspunkt Ihres Lebens, er ist auch die Quelle Ihres Lebens.
Um Sinn und Ziel Ihres Lebens zu entdecken, kommen Sie nicht umhin sich Gottes Wort zuzuwenden.

Ich möchte Ihnen jetzt eine Geschichte von einem Menschen erzählen, der sein Leben nicht auf Gottes Ratschläge aufgebaut hat. Er hat sich seinen eigenen Sinn gesucht.

*Der Manager, der jeden Tag von sieben Uhr*
*morgens bis sieben Uhr abends arbeitet,*
*wird sowohl sehr erfolgreich sein als auch*
*dem nächsten Mann seiner Frau in guter*
*Erinnerung bleiben.*
John Capozzi

## Der reiche Geschäftsmann

Vor einiger Zeit lebte ein sehr geschäftiger und wichtiger Mann in Datteln am Rande des Ruhrgebiets. Er arbeitete jeden Tag zwölf bis vierzehn Stunden. An den Wochenenden war er meistens auch für seine Firma im Einsatz. Er war gelernter Industriekaufmann und hatte einen Universitätsabschluss in Wirtschaftswissenschaften. Er hatte eine Firma aufgebaut, die er innerhalb eines Jahrzehnts an die Spitze seiner Branche geführt hatte. Er engagierte sich in verschiedenen Organisationen und Gremien.

Der Blackberry war sein ständiger Begleiter, wenn er nicht im Büro war. Und wenn er beim Autofahren mal nicht telefonierte, hörte er Vorträge darüber, wie man im Beruf zu mehr Erfolg kommt. Wenn er zu Hause war, dachte er meist auch an die Arbeit. Der Beruf war sein Lebensinhalt.

Seine Frau erinnerte ihn daran, dass er auch noch eine Familie hatte. Ja, es war ihm durchaus bewusst, dass sie sich nicht mehr so nahe standen wie früher. Er hatte die schleichende Entfremdung auch nicht gewollt. Aber sie wollte Zeit mit ihm verbringen und die hatte er einfach nicht übrig. Seine Kinder wuchsen heran, aber davon hatte er nicht viel mitbekommen. Wenn Sie ins Bett gingen war er nicht da, um ihnen etwas vorzulesen. Er hatte kaum Zeit, um mit seinen Kindern mal Fußball oder Puppen zu spielen. Meistens aß er Abends alleine, da seine Frau vor dem Fernseher saß und die Kinder schon am schlafen waren.

Aber mit der Zeit beschwerte sich die Familie nicht mehr. Sie hatten sich damit abgefunden, dass sich in seinem Tagesablauf niemals etwas ändern würde.

„Bald werde ich mehr Zeit für sie übrig haben", war er überzeugt. „Dann wird sich das Unternehmen in ruhigem Fahrwasser befinden."

Und obwohl er sehr klug war, schien er nicht zu bemerken, dass es niemals ruhig werden würde.

„Außerdem tue ich das alles doch nur für die Familie", redete er sich ein, wenn er ein schlechtes Gewissen hatte.

Das stimmte natürlich nicht. Wenn es seine Familie nicht gäbe, würde er genauso leben.

Aber weil es sein verdientes Geld war, von dem die Familie lebte, konnte er mit Recht zu sich sagen: „Ich tue das alles nur für sie."

Die Gesundheit stand bei ihm nicht gerade an erster Stelle. Beim letzten Arztbesuch erfuhr er, dass sein Blutdruck überdurchschnittlich hoch ist und die Cholesterinwerte auch bedenklich gestiegen waren. Sein Arzt empfahl ihm, sich gesünder zu ernähren und mehr Sport zu treiben. Daraufhin hatte er den Arzt gemieden.

„Wenn sich die Lage beruhigt hat, habe ich dafür noch genug Zeit", sagte er zu sich selbst.

Eines Tages kam ihm eine blendende Idee, wie er seine Firma an die Spitze des Marktes bringen könnte.

Durch die Auslagerung der Produktion nach China würde er seinen Konkurrenten so weit voraus sein, dass er sich ganz an die Spitze setzen würde.

Aber dazu brauchen wir umfangreiche Veränderungen, schoss es ihm durch den Kopf.

Der Arbeitsplatzabbau wird einigen Ärger mit dem Betriebsrat bringen, aber da muss ich durch. Ich kann halt nicht immer Rücksicht auf die Mitarbeiter nehmen. Die Firma ist ja keine Sozialstation.

An jenem Abend sagte er zu seiner Frau: „Ist dir klar, was das bedeutet? Unsere Zukunft ist gesichert - wir haben ausgesorgt. Bald können wir uns zur Ruhe setzen".

Aber seine Frau hatte das schon so oft gehört, dass sie gelernt hatte, sich nicht darauf zu verlassen. Um halb elf Uhr abends ging sie ins Bett - alleine - wie so oft.

Als er gerade dabei war, seinen Plan für die Verlagerung der Produktion durchzudenken, entging ihm eine Kleinigkeit in seinem Körper.

Eine Arterie, die einmal so elastisch wie ein Kaugummi gewesen war, war jetzt trocken und hart wie Zement. Die Blutkörperchen konnten sich kaum noch hindurchquetschen.

Während er dabei war, Pläne zu schmieden, wichtige E-Mails zu schreiben und wichtige Meetings zu leiten, kamen jeden Tag ein paar Fettablagerungen hinzu.

Jede Zigarette, jedes Gramm Fett, jedes zornige Wort, jede wütende Autofahrt, jeder sorgenvolle Gedanke trug seinen Teil dazu bei.

Leise, wirkungsvoll, unaufhaltsam arbeitete sein Körper daran, ihn kaltzustellen.

Über 50 Jahre lang hatte sein Herz mit jedem Schlag siebzig Milliliter Blut in die Arterien gepumpt, siebentausend Liter am Tag, bei siebzigtausend Schlägen in vierundzwanzig Stunden.

Jetzt setzte es einen Schlag lang aus. Und noch einen. Und auch noch einen dritten. Er schnappte nach Luft und griff sich an die Brust.

Plötzlich schossen ihm die Gedanken durch den Kopf.

Obwohl er auf allen Organisationsdiagrammen ganz oben stand, hatte er doch keine Kontrolle über seinen eigenen Herzschlag.

Dumme Sache!

Tausende von Mitarbeitern gehorchten jedem seiner Worte. Aber ein paar hundert Gramm widerspenstige Muskeln zwangen ihn in die Knie.

Seine Frau wachte am Morgen auf und merkte, dass er nicht ins Bett gekommen war. Als Sie in sein Arbeitszimmer kam, saß er immer noch vor dem Computer. Er hatte den Kopf auf den Schreibtisch gelegt.

Sie schüttelte ihn sanft an der Schulter, um ihn aufzuwecken, aber er reagierte nicht. Seine Haut fühlte sich erschreckend kalt an. Panik erfasste sie, als sie den Notarzt alarmierte.

Als die Sanitäter eintrafen, teilten diese ihr mit, dass ihr Mann einen schweren Herzinfarkt erlitten hatte und schon seit einigen Stunden tot war.

In der Wirtschaftswelt war sein Tod ein wichtiges Ereignis. Sein Nachruf wurde in den bekanntesten Wirtschaftsmagazinen abgedruckt.

Dann kam die Trauerfeier.

Er war so bekannt, dass viele wichtige Personen aus Wirtschaft, Politik und Kultur kamen.

In den Traueransprachen wurde er in den höchsten Tönen gelobt.

Meist sprachen sie von seinen Errungenschaften, denn alle wussten zwar etwas über ihn, aber keiner kannte ihn wirklich.

„Er war eine führende Unternehmerpersönlichkeit", meinte jemand.

„Er hatte seine Prinzipien", meinte ein anderer.

„Er hat niemals das Finanzamt, die Buchprüfer oder seine Frau betrogen", erklärte wieder jemand anderes.

Ein weiterer Bewunderer kommentierte sein soziales Engagement: „Er war eine Säule unserer Gesellschaft. Er kannte jeden. Er hatte viele Kontakte."

Manch einer fragte sich was man sich immer fragt, wenn ein Reicher gestorben ist:
„Wie viel er wohl hinterlassen hat?"
Alles. Jeder hinterlässt immer alles.
Sie hatten einen fulminanten Grabstein für ihn in Auftrag gegeben.
Darauf schrieben sie all die gewichtigen Worte, die sein Leben ausgezeichnet hatten:
„Visionär", „Unternehmensgründer", „Innovator", „Führungspersönlichkeit", „Sozialreformer".
Und ganz oben schrieben sie dieses eine Wort, sein Lieblingswort, das Wort, dem er sich mit Haut und Haar verschrieben hatte:
„Erfolg".
Als er vor Gott stand und das Buch des Lebens geöffnet wurde, fand sich unter seinem Namen nur ein Eintrag:
„Narr".

*Aber Gott sagte zu ihm: „Du Narr! Noch in dieser Nacht wirst du sterben. Was bleibt dir dann von deinem Reichtum?"*
*Jesus in Lukas 12,20*


Inzwischen haben Sie die Geschichte vielleicht erkannt. Es ist eine Geschichte, die Jesus vor fast zweitausend Jahren erzählt hat.

*16 „Ein reicher Gutsbesitzer hatte eine besonders gute Ernte. 17 Er überlegte: „Wo soll ich bloß alles unterbringen? Meine Scheunen sind voll; da geht nichts mehr rein." 18 Er beschloss: „Ich werde die*

*alten Scheunen abreißen und neue bauen, so groß, dass ich das ganze Getreide, ja alles, was ich habe, darin unterbringen kann. 19 Dann will ich mich zur Ruhe setzen. Ich habe für lange Zeit ausgesorgt. Jetzt lasse ich es mir gut gehen. Ich will gut essen und trinken und mein Leben genießen!' 20 Aber Gott sagte zu ihm: „Du Narr! Noch in dieser Nacht wirst du sterben. Was bleibt dir dann von deinem Reichtum? 21 So wird es allen gehen, die auf der Erde Reichtümer sammeln, aber mit leeren Händen vor Gott stehen."*
*Jesus in Lukas 12,16-21*

Jesus stellt diesem reichen Geschäftsmann eine klare Diagnose. Er sagte nicht, dass der Mann böse oder schlecht war. Er nannte ihn schlicht einen Narren. Warum gebraucht Jesus so ein hartes Wort?
Er hatte Gott nicht bewusst abgelehnt.
Er hatte nur immer etwas anderes zu tun gehabt.
Er war zu beschäftigt gewesen.
Er hatte sein Leben einfach den falschen Dingen verschrieben.
Er ist schlicht und ergreifend am Ziel vorbei geschossen.

Wenn wir uns die Prioritäten in seinem Leben einmal der Reihe nach anschauen, dann sahen diese folgendermaßen aus:
1. eine große Ernte einbringen
2. größere Scheunen bauen
3. finanzielle Sicherheit schaffen
4. essen
5. trinken
6. sich vergnügen

Als Jesus diese Geschichte erzählte, fasste er ihre Kernaussage in einem einzigen Satz zusammen, damit jeder sie verstand:

*So wird es allen gehen, die auf der Erde Reichtümer sammeln, aber mit leeren Händen vor Gott stehen.*
*Lukas 12,21*

Jesus sagt hier: Es kommt im Leben nicht darauf an, in den Augen der Menschen ein erfolgreiches Leben zu führen. Es kommt aus Gottes Perspektive darauf an, dass ich mit vollen Händen vor Gott stehe.

Stehen Sie mit vollen Händen vor Gott?
Gott will, dass Ihr Leben einen Sinn hat. Er will, dass Sie am Ende Ihres Lebens zurückschauen und zu sich sagen können, dass es sich gelohnt hat zu leben.
Gott will in Ihre Lebenssituation kommen und Ihre leeren Hände füllen.

*Da materialistische Lösungen darin versagen,
unsere erfahrene Einzigartigkeit zu erklären, bin ich
gezwungen, die Einzigartigkeit des Selbst oder der
Seele auf eine übernatürliche, spirituelle Schöpfung
zurückzuführen.*
*Sir John Eccles*

## Der Mensch – ein Seelenwesen

Aus der Perspektive Jesu bedeutet >Volle Hände
vor Gott haben< nicht, hier auf der Erde soviel
Erfolg wie möglich zu haben, wie es der „Reiche
Geschäftsmann" gehabt hat.
Warum ist das so?

Weil der Mensch nicht nur ein materielles Wesen
ist, sondern ein Wesen mit einer lebendigen Seele.

Der Mensch ist ein Wesen, der Empfindungen hat,
der Gefühle zeigt, der lieben kann, der hassen
kann, der über ein Gewissen verfügt, der sich
Gedanken macht, der Entscheidungen trifft, der
einen Willen hat.
Diese Eigenschaften unterscheiden den Menschen
von allen anderen Lebewesen. Diese Eigenart
macht den Menschen zum Menschen.
Nicht sein Bankkonto. Nicht seine Kleider. Nicht
sein Beruf. Nicht sein Aussehen. Nicht sein Status
in der Gesellschaft.
Jesus sagt uns in dem Beispiel, dass der Mensch
einmal vor Gott erscheinen wird.
Und das ist die eigentliche Botschaft Jesu. Das ist
der Kernpunkt des christlichen Glaubens.
Der Mensch ist nicht nur für diese 70 – 80 Jahre auf
der Erde angelegt.
Nein.

Der Mensch ist für eine Ewigkeit geschaffen. Die Persönlichkeit des Menschen, das was uns ausmacht – die Bibel nennt dies seine Seele – diese Seele überdauert dieses Leben hier auf der Erde. Das ist eine – vielleicht DIE – zentrale Aussage der Bibel. Der Mensch ist angelegt auf eine Ewigkeit – nicht auf einen befristeten Zeitraum hier auf der Erde.

Das bedeutet im Umkehrschluss, dass der *Sinn des Lebens* – die vollen Hände – schlussendlich nicht hier auf dieser Erde zu finden ist.

Den *Sinn im Leben* finde ich nicht im Diesseits sondern im Jenseits.

Dieses Wissen finden wir nebenbei bemerkt in allen Religionen. Diese Sehnsucht nach etwas, dass den Tod überdauert, ist in allen Religionen verankert.

Den *Sinn im Leben* kann ich daher nur finden, wenn ich mit dem Schöpfer meiner Seele in Kontakt komme. Nur er kann mir den Weg aufzeigen, wie ich es schaffe, ein sinnerfülltes Leben zu gestalten.

Die Annahme, dass der Mensch ein geschaffenes Wesen mit einer Seele ist, finden wir nicht nur in den Religionen und im christlichen Glauben verankert.

Der Australier Sir John Carew Eccles (* 27. Januar 1903 in Melbourne; † 2. Mai 1997 in Locarno) war Physiologe und Nobelpreisträger. Er gilt als der bekannteste Hirnforscher des zwanzigsten Jahrhunderts. Mit seinen Forschungen zur Reizweiterleitung von Nervenzellen trug er entscheidend dazu bei, die Vorgänge im menschlichen Gehirn aufzuklären. Für diese Forschungen erhielt er zusammen mit zwei Kollegen 1963 den Nobelpreis für Medizin und Physiologie.

In seinem letzten Buch „Wie das Selbst sein Gehirn steuert" fasste der neunzigjährige Nobelpreisträger und Gehirnforscher seine Gedanken über Wissenschaft und Glauben nochmals wie folgt zusammen.

*„Da materialistische Lösungen darin versagen, unsere erfahrene Einzigartigkeit zu erklären, bin ich gezwungen, die Einzigartigkeit des Selbst oder der Seele auf eine übernatürliche, spirituelle Schöpfung zurückzuführen.*
*Es ist die Gewissheit des inneren Kerns einer einzigartigen Individualität, die keine andere Lösung als eine > göttliche Schöpfung < zulässt.*
*Ich gestehe ein, dass keine andere Erklärung haltbar ist; weder die genetische Einzigartigkeit mit ihrer phantastischen und unmöglichen Lotterie noch abweichende Umwelten, anhand derer unsere Einzigartigkeit nicht bestimmt, sondern nur modifiziert wird.*
*Diese Schlussfolgerung ist von unschätzbarer theologischer Bedeutung. Sie unterstützt entschieden unseren Glauben an die menschliche Seele und ihren wunderbaren Ursprung in einer göttlichen Schöpfung. Sie enthält nicht nur das Bekenntnis des transzendenten Gottes, Schöpfer des Alls – des Gottes, an den Einstein glaubte -, sondern auch des immanent wirkenden Gottes, dem wir unser Dasein verdanken."*[2]

Sir John Eccles tritt hier dem reinen Materialismus entgegen. Er spricht hier nicht in erster Linie vom Gott der Bibel. Er spricht aber davon, dass die Seele des Menschen von einem höheren Wesen

---

[2] *Quelle: „Wie das Selbst sein Gehirn steuert", John C. Eccles, Piper Verlag, 1996 (Seite 261/262)*

geschaffen sein muss. Der Mensch ist nicht nur Materie.
Der Mensch ist ein Seelen-Wesen.

Auch der uns noch aus der Schule gut bekannte französische Mathematiker und Physiker Blaise Pascal hat sich ausgiebig mit dem Menschen und seiner Beschaffenheit Gedanken gemacht.

*Die Unsterblichkeit der Seele ist etwas, das uns so sehr angeht, das uns so tief berührt, dass man jedes Gefühl verloren haben muss, wenn es einem gleichgültig ist, zu wissen, was es damit auf sich hat. Alle unsere Handlungen und unsere Gedanken müssen, je nachdem, ob es ewige Güter zu erhoffen gibt oder nicht, derart verschiedene Wege einschlagen, dass es unmöglich ist, mit Sinn und Urteil einen Schritt zu tun, ohne ihn durch die Sicht auf jenen Punkt zu bestimmen, der unser letztes Ziel sein soll. So ist es unser erstes Anliegen und unsere erste Pflicht, uns über diesen Gegenstand klar zu werden, von dem all unser Verhalten abhängt...[3]*

Was bedeutet dies jetzt für unsere Fragestellung?

Was ist der Sinn des Lebens?
Wofür lohnt es sich zu leben?
Was gibt meinem Leben einen Sinn?
Und wie finde ich diesen?

Und wie stehe ich mit vollen Händen vor Gott?

---

[3] *Quelle: Pensees, Blaise Pascal (S. 47-48)*

Wir müssen festhalten, dass der Mensch ein „Seelenwesen" ist und nicht nur ein Haufen Materie. Der Mensch hat eine Seele die auf Ewigkeit programmiert ist und nicht nur auf 80 Jahre Erde.

Daher werden Sie nicht glücklich werden, wenn Sie den *Sinn im Leben* in materiellen Befriedigungen suchen.

Sie werden auch nicht glücklich werden, wenn Sie den *Sinn im Leben* im Erreichen beruflicher Erfolge suchen.

Sie werden nicht glücklich werden, wenn Sie den *Sinn im Leben* in der Liebe suchen.

Sie werden nicht glücklich werden, wenn Sie den *Sinn im Leben* in der Gründung einer Familie suchen.

Das alles sind gute und löbliche Ziele. Sie werden aber keine tiefe Erfüllung finden, wenn Sie den *Sinn für Ihr Leben* auf dieser Erde suchen.

Sie haben eine Seele die auf Ewigkeit angelegt ist. Diesseitige Befriedigungen können diese Sehnsucht nach Ewigkeit daher niemals stillen.

*Mach uns bewusst, wie kurz unser Leben ist, damit*
*wir endlich zur Besinnung kommen!*
*Mose in Psalm 90,12*

## Im Hotelzimmer

Stellen Sie sich einmal vor, Sie müssten eine Woche im Hotel leben. Würden Sie dann all Ihr Geld ausgeben, um das Zimmer hübsch einzurichten? Würden Sie Ihr Bankkonto plündern, um einen Picasso zu kaufen oder eine IKEA-Leuchte Rodebrö oder was auch immer Ihrem Geschmack entspricht?
Wahrscheinlich nicht.
Das würde Ihnen nicht im Traum einfallen, denn das Hotelzimmer ist nicht Ihr Zuhause. Sie bleiben nur kurze Zeit dort. Es wäre dumm, den Schatz Ihres Lebens auf eine vorübergehende Bleibe zu verschwenden.
Und deshalb, sagt Jesus, ist es klug, in das zu investieren, was ewig bleibt:

In Gott.
In meine Beziehung zu Gott.
In die Dinge, die Gott wichtig sind.

Wenn es einen Gott gibt, der Sie und mich gemacht hat, dann weiß er höchstwahrscheinlich am Besten, was der Sinn für Ihr und mein Leben ist.
Gott hat über Sie nachgedacht, lange bevor Sie über ihn nachgedacht haben.
Sein Sinn und Ziel für Ihr Leben standen bereits vor Ihrer Geburt fest.
Er hat Sie nicht danach gefragt.
Sie können sich Ihre Karriere aussuchen, Ihren Ehepartner, Ihre Hobbys und viele andere Dinge in

Ihrem Leben, aber Sie können sich nicht den *Sinn Ihres Lebens* aussuchen, den Gott Ihnen zugedacht hat.

Dieses Leben ist das Hotel.
Ihr „Hotelzimmer" – Ihr Haus, Ihre Möbel, Ihre Kleidung und Ihr Besitz – hält im Vergleich zur Ewigkeit, die Ihre Seele erlebt, nur ein paar Sekunden.
Es ist nicht falsch, einen Ort, an dem man sich eine Weile befindet, zu genießen.
Aber Jesus sagt, dass wir in unserem Hotelzimmer keine Schätze anhäufen sollen. Sie bleiben nur kurze Zeit dort.

*19 Häuft in dieser Welt keine Reichtümer an! Sie verlieren schnell ihren Wert oder werden gestohlen. 20 Sammelt euch vielmehr Schätze im Himmel, die nie ihren Wert verlieren und die kein Dieb mitnehmen kann. 21 Wo nämlich eure Schätze sind, da zieht es euch hin.*
*Jesus in Matthäus 6,19-21*

Wir sind gut beraten die falschen Prioritäten abzulegen, die uns von dem abhalten, was wirklich wichtig ist.
Ein Leben mit Gott. Ein ewiges Leben mit Gott.

*Denn was gewinnt ein Mensch, selbst wenn ihm die ganze Welt zufällt und er dabei das ewige Leben verliert? Mit nichts auf dieser Welt kann er es wieder erwerben.*
*Jesus in Matthäus 16,26*

Kennen Sie auch Gedanken wie diese...

„Wenn ich nur erst mein Traumhaus hätte..."
„Wenn ich doch nur mehr Gehalt hätte..."
„Wenn ich ein besseres Auto hätte..."
„Wenn ich genug Geld für meinen Traumurlaub hätte..."
„Wenn ich doch nur mehr finanzielle Sicherheit hätte..."

All das sind schöne Wünsche. Dagegen ist nichts einzuwenden. Es gibt nur ein kleines Problem damit.
Diese Dinge sind alle vergänglich und werden Ihnen niemals die tiefe Erfüllung geben, die Sie sich wünschen.
Wenn Sie drei Autos besitzen, wird das vierte Sie nicht glücklicher machen.
Sachen haben keinen Bestand.
Sachen machen nicht frei.
Sachen machen nicht glücklich.
Sachen geben keine Sicherheit.


Vor Jahrtausenden schon hat Mose folgendes gebetet:

*Mach uns bewusst, wie kurz unser Leben ist, damit wir endlich zur Besinnung kommen!*
*Mose in Psalm 90,12*

Er hat erkannt, dass unser Leben flüchtig ist und dass wir es nötig haben zur Besinnung zu kommen.
Alle materiellen Errungenschaften werden eines Tages nicht mehr da sein. Wir hängen unser Herz daran, weil wir eine besondere Befriedigung empfinden, wenn wir sie erwerben. Und wir denken, diese Befriedigung sei von Dauer. Das ist sie aber nicht. Sie vergeht.

Und auch das, was wir erreicht haben, wird vergehen. Alle Titel, Examen, Diplome und erreichte Positionen werden einmal wertlos sein.
Wenn sich Ihr Leben um diese Dinge dreht, die Sie hier sehen, dann wird es Sie vielleicht für eine kurze Zeit befriedigen.
Aber wenn Sie am Sonntagabend auf der Couch einmal zur Ruhe kommen und Zeit haben um über Ihren Alltag nachzudenken, dann wird es Ihnen dämmern.
All die vielen netten Sachen und die Erfolge in Ihrem Leben machen Sie nicht wirklich glücklich. Letztendlich werden diese in Ihnen nur eine LEERE hinterlassen.

All das ist vergänglich.
Aber Sie existieren ewig.

Dieses Wort – VERGÄNGLICH - kommt in keinem Werbespot vor.
Dieses Wort hätte den reichen Narren in Jesu Geschichte vielleicht retten können, wenn er es auf seine Scheunen und seine Ernte geklebt hätte.

Vergänglich.

Da, wo Sie sich jetzt befinden, gibt es nur eines, das nicht vergänglich ist. Hier gibt es nur eine „Sache", die Sie in das nächste Leben mitnehmen können.

Sie selber!
Sie nehmen nur sich selber mit.

Kluge Menschen bauen ihr Leben auf das auf, was ewig Bestand hat – nicht auf das Vergängliche.

Machen wir doch einmal ein kleines Spiel dazu. Denken Sie einige Augenblicke über die beiden Kategorien „ewig" und „vergänglich" nach.
Was in Ihrem Leben währt ewig und was vergeht?

Gehen Sie jetzt noch einen Schritt weiter.

Stellen Sie sich vor, Sie nehmen einen Block mit selbstklebenden Notizzetteln und schreiben auf jeden Zettel „VERGÄNGLICH".
Gehen Sie durch Ihre Wohnung, und kleben Sie die Zettel überall dorthin, wo Sie sich daran erinnern, dass etwas nicht ewig von Bestand ist.

Kleben Sie einen Zettel auf Ihr Auto.
Kleben Sie einen auf die Eingangstüre Ihres Hauses.
Kleben Sie den Zettel auf jedes Möbelstück.
Kleben Sie einen auf Ihre Kreditkarte.
Kleben Sie einen auf jedes Kleidungsstück in Ihrem Schrank.
Kleben Sie sie auf den iPod, den Fernseher und die neue Senseo Kaffeemaschine.

Nehmen Sie dann einen anderen Block mit selbstklebenden Zetteln und schreiben Sie „EWIG" darauf.
Kleben Sie sie auf Ihre Familie.
Kleben Sie sie auf Ihre Freunde.
Kleben Sie einen auf Ihren Chef.
Kleben Sie einen auf den Kassierer, dessen Namen Sie nicht kennen.
Kleben Sie einen auf die Person, die Sie am allerwenigsten leiden können.
Und vergessen Sie nicht, sich selbst einen Zettel auf die Stirn zu kleben.

Es wird der Tag kommen, an dem all Ihre Altersvorsorgepläne und Ihre Kontoauszüge bedeutungslos werden.
All die Titel und Ämter, die in Ihrem Lebenslauf stehen, werden niemanden mehr beeindrucken.
Abschlussnoten und Aufnahmeprüfungen werden lange vergessen sein.
Niemand wird mehr wissen, welche Klamotten in Ihrem Schrank hingen oder welche Autos in Ihrer Garage standen.

Alles, was noch übrig bleiben wird, sind Sie selber.
Sie können nur sich selber mitnehmen.

Wenn DAS so ist, dass unser Leben hier auf der Erde nicht alles ist, sondern dass unsere Seele weiterleben wird, dann gibt es nichts wichtigeres, als das Sie sich darauf vorbereiten.
Dann gibt es nichts wichtigeres, als dass Sie den Schöpfer Ihrer Seele kennen lernen.
Dann gibt es nichts wichtigeres, als dass Sie in Ihrem Leben eine persönliche Beziehung zu diesem Gott aufbauen.

*Wer noch nicht herausgefunden hat,*
*wofür er sein Leben aufs Spiel setzen würde,*
*ist noch nicht bereit zu leben.*
*Martin Luther King*

## Gottes Ziel

Was meinen Sie...?
Was ist Gottes Ziel mit Ihnen?
Was wünscht sich Gott am meisten?

Das Ziel, welches er mit Ihnen und mir verfolgt, ist auf der einen Seite so einfach, dass es jedes kleine Kind leicht verstehen kann. Auf der anderen Seite ist es so umwerfend, dass es die Vorstellungskraft der meisten Menschen bei weitem übersteigt.
Das, was er sich am meisten von Ihnen wünscht, sind Sie selbst.
Er wünscht sich nicht Ihr Bankkonto, nicht Ihre Kirchensteuer, nicht Ihr Auto, nicht Ihr Haus, nicht Ihre Titel.
Nein. Er wünscht sich, dass Sie sich mit Ihrem Innersten Ihrer Selbst – die Bibel nennt dies ihr Herz – IHM zur Verfügung stellen. Er wünscht sich nichts so sehr, als dass Sie mit IHM persönlich in Beziehung treten und ihn von ganzem Herzen lieben.
Ich denke da an Jesu letztes Gespräch mit seinem Freund Petrus.
Petrus war überaus menschlich. Er folgte Jesus nach, diente ihm, lernte von ihm, zweifelte an ihm, verstand ihn falsch, lobte ihn und verleugnete ihn.
Die letzte Frage, die Jesus seinem Freund Petrus stellte, bevor er wieder zu seinem Vater zurück kehrte, lautete einfach nur:
„Petrus, liebst du mich?"

Dreimal stellte er Petrus diese Frage. Danach erst sagte er diesem, was er tun sollte.

Jesus wollte einfach nur seine Liebe.

Er hielt ihm nicht seine Fehler und seinen kleinen Glauben vor und verlangte von ihm auch nicht, dass er ein bestimmtes „Glaubens-Niveau" erreichen musste.

Das einzige was er von Petrus wollte, war seine Liebe.

Wenn Sie die Bibel vom ersten Buch der >Genesis< (1. Mose) bis zum letzten Buch der >Offenbarung des Johannes< studieren wird ihnen eines klar werden.

Es geht in der Bibel vor allem um eine einzige Sache: Gott sehnt sich nach einer Beziehung zu uns Menschen. Zu Ihnen ganz persönlich. Er hat Sie erschaffen, um mit Ihnen zusammen zu sein.

Im Garten Eden ging er mit dem Menschen, den er erschaffen hatte, spazieren, einfach nur, um bei ihm zu sein.

Nach dem Sündenfall kam es dann zur Trennung von Gott. Der Mensch verlor die enge persönliche Gemeinschaft mit Gott und muss seitdem von Gott getrennt leben.

Und es ist, als sei Gott von diesem Moment an regelrecht von seinem Verlangen getrieben worden, bei den Menschen zu sein.

In der Bibel lesen wir sehr oft, dass Gott „mit" jemandem war:

Er war schon vor tausenden von Jahren mit Noah dem Schiffsbauer. Er war mit Abraham dem Vater des Volkes Israel und mit seinem Sohn Isaak und auch mit seinem Enkel Jakob. Er war mit Jakobs Sohn Josef in der Gefangenschaft in Ägypten.

Dann erschuf er aus den 12 Nachkommen Jakobs eine Nation, damit er ein Volk hatte, bei dem er sein konnte:

*45 Ich will bei euch Israeliten wohnen und euer Gott sein. 46 Ihr werdet erkennen, dass ich der Herr, euer Gott, bin. Ich habe euch aus Ägypten herausgeführt, um bei euch zu wohnen. Ja, ich bin der Herr, euer Gott!*
*Gott in 2. Mose 29,45-46*

Aber Gott war noch nicht zufrieden. Er hatte eine Idee: „Ich gehe runter auf die Erde."
Und so wurde eines Tages in Bethlehem ein Kind geboren. Der Junge wuchs heran und im Alter von 30 Jahren suchte er sich Nachfolger aus, die bei ihm sein sollten und mit ihm durchs Land umher zogen.

*Und er setzte zwölf ein, die er auch Apostel nannte, dass sie bei ihm sein sollten.*
*Markus 3,14*

Er lehrte die Menschen Gottes Willen und forderte jeden, der ihn hören wollte, auf, ihm zu folgen.

*Geht hinaus in die ganze Welt, und ruft alle Menschen dazu auf, mir nachzufolgen!*
*Jesus in Matthäus 28,19*

Dieser Jesus formulierte Unglaubliches. Er hat keinen geringeren Anspruch als den, dass er Ihnen sagt:

*Ich bin der Retter.*
*Ich bin der Sinnstifter.*
*Ich bin die Wahrheit.*

Jesus sagt über sich selber:

*Ich bin der Weg, ich bin die Wahrheit, und ich bin das Leben! Ohne mich kann niemand zum Vater kommen.*
*Jesus in Johannes 14,6*

Wenn Ihr an mich glaubt, habt Ihr den Sinn schon gefunden. Ich zeige euch den Weg zu Gott. Oder besser gesagt: Ich bin selber der Weg, um mit Gott in Kontakt zu treten.

Dieser Anspruch ist nicht weniger als unerhört. Entweder ist dieser Jesus ein Spinner gigantischen Ausmaßes oder er ist das was er von sich sagt:

Der Sohn Gottes!

Jesus ist gekommen, um die Menschen, Sie und mich, wieder mit Gott in Verbindung zu bringen.

*16 Denn Gott hat die Menschen so sehr geliebt, dass er seinen einzigen Sohn für sie hergab. Jeder, der an ihn glaubt, wird nicht zugrunde gehen, sondern das ewige Leben haben.*
*Jesus in Johannes 3,16*

Und dieser Mensch – Gottes Sohn - machte den Menschen dieses Angebot:

*Wer mich liebt, wird sich nach meinem Wort richten; dann wird ihn mein Vater lieben, und wir werden zu ihm kommen und bei ihm wohnen.*
*Jesus in Johannes 14,23*

Gott hat Sie erschaffen, weil er bei Ihnen sein will.

**Das ist der Sinn des Lebens!**
**Eine ganz persönliche Beziehung zu Gott!**

Darum geht es letztendlich beim christlichen Glauben.
Es geht eben nicht darum, dass Sie die 10 Gebote halten, brav Ihre Kirchensteuer zahlen und Weihnachten in die Kirche gehen.
Es geht darum, dass Sie Jesus Christus – Gottes Sohn – kennen lernen. Es geht darum, dass Sie Ihr Leben nicht gegen Ihren Schöpfer leben, sondern dass Sie Ihr Leben in enger Beziehung mit Gott gestalten.
Nicht mehr und nicht weniger. Jesus fordert Sie genau dazu auf.

*Bittet Gott, und er wird euch geben! Sucht, und ihr werdet finden! Klopft an, und euch wird die Tür geöffnet!*
*Jesus in Matthäus 7,7*

Sie dürfen Gott bitten und Ihn fragen. Sie dürfen bei ihm anklopfen und Ihn bitten, dass er in Ihr Leben tritt.
Er möchte Ihnen Ihre Schuld vergeben.
Er möchte, dass Sie wieder ein gutes Gewissen bekommen.

Er will Ihnen den *Sinn für Ihr Leben* geben!
Er möchte mit Ihnen Beziehung leben.


Was hindert Sie noch daran, tatsächlich auf Gott zuzugehen und Ihn darum zu bitten in Ihr Leben zu treten?

Ich kann Ihnen sagen, was der häufigste Grund dafür ist.

*Wenn der Teufel uns nicht zu schlechten
Menschen machen kann, macht er uns
eben zu beschäftigten Menschen.*
*Ein altes Sprichwort*

## Ich habe keine Zeit

Die wahrscheinlich häufigste Antwort von
Menschen auf die Frage, was sie davon abhält,
sich mich dem Glauben zu beschäftigen und Gott
persönlich kennen zulernen ist:
„Ich habe keine Zeit."
Es ist schon seltsam, dass die ersten Nachfolger
Jesu sich von Verfolgung, Armut, Gefangenschaft
oder dem Märtyrertod nicht davon abhalten ließen,
Gott näher kennen zu lernen. Aber wir lassen uns
von etwas so Banalem wie >keine Zeit< daran
hindern.
Ein altes Sprichwort sagt:

*„Wenn der Teufel uns nicht zu schlechten
Menschen machen kann, macht er uns eben zu
beschäftigten Menschen."*

So ist es vielleicht auch in Ihrem Leben. Die Tage,
Monate und Jahre ziehen dahin und Sie fragen
sich, wo sie geblieben sind. Es ist ja nicht so, als
dass Sie nichts getan hätten.

Da ist zunächst die **Arbeit**.
Sie müssen zur Arbeit gehen oder ihre Hausarbeit
erledigen. Sie sitzen in Besprechungen oder hinter
der Kasse. Sie müssen sich um Ihre Patienten
kümmern oder die Kinder betreuen.

Dann gibt es **persönliche Angelegenheiten** die zu erledigen sind.

Sie müssen schlafen, sechs bis acht Stunden pro Nacht. Sie müssen duschen, Zähne putzen und die Zähne mit Zahnseide reinigen. Zumindest für einige Tage nach dem alljährlichen Besuch beim Zahnarzt, da er sich wieder über den Zustand ihrer Zähne beklagt hat. Gelegentlich sollten sie auch Sport treiben und ab und an zum Arzt gehen.

Die Zeit Ihres Lebens verrinnt.

Im **Haushalt** sind ebenfalls Arbeiten zu erledigen. Sie müssen einkaufen, kochen und spülen. Und natürlich brauchen wir alle etwas Zeit für die Mahlzeiten. Wir kaufen dazu Mikrowellen um Zeit zu sparen oder fahren schnell bei McDonalds vorbei. Die Wäsche muss gewaschen und leider auch gebügelt werden. Spätestens ab dem ersten Kind aber wird die Unterwäsche, Handtücher und dergleichen nur noch zusammengelegt...
Der Rasen muss gemäht und die Lampe angebohrt werden. Man muss nach der Heizung sehen und die Straße kehren.
Die Rechnungen müssen bezahlt und der Handwerker bestellt werden.

Noch mehr Zeit verrinnt.

**Andere Verpflichtungen**
Wir alle müssen auch Zeit in die Pflege von Beziehungen investieren. Wir haben berufliche und gesellschaftliche Verpflichtungen. Wenn Sie Kinder haben, müssen Sie diese zum Kindergarten, zur Schule, zum Musikunterricht oder zum Sportverein bringen. Sie haben Verwandte, die sie ab und an einladen oder zu denen sie eingeladen werden. Sie

müssen sich um Ihre Pflanzen und ihre Haustiere kümmern.

Ungefähr 5 Minuten am Tag verbringen Sie damit, irgendetwas zu suchen. Das macht ca. 3 Monate Ihres Lebens aus.

Sie verbringen im Schnitt ca. 2 Minuten/Tag damit irgendwelche Formulare auszufüllen und 20 Minuten/Tag um andere Leute zu besuchen.

Die Zeit auf Ihrer Lebensuhr läuft weiter.

Dann gibt es noch die Zeit, die wir im Auto verbringen. Man steht ca. 6 Monate seines Lebens an roten Ampeln. Im Durchschnitt verbringt der Deutsche ca. 60 Minuten damit, zur Arbeit und wieder nach Hause zu kommen. Um Zeit zu sparen, erledigt man dann mehrere Dinge gleichzeitig. Die zweit- und drittgefährlichsten Aktivitäten beim Autofahren sind Telefonieren und Schminken. Sie wissen schon, was auf Sie zutrifft...☺ Die gefährlichste Aktivität ist Lesen.

Und dann kommt die **Freizeit**. Denn irgendetwas müssen wir ja tun um abzuschalten. Entweder Fernsehen, Kino, Theater, Fußball, Hobbys, Urlaub oder andere Aktivitäten.

Dann ist da noch das **Unvorhergesehene**. Es geschehen Dinge, die wir nicht eingeplant haben und die unser ohnehin schon hektisches Leben noch komplizierter machen.

Jemand wird krank.

Wir haben eine Autopanne.

Tante Elfriede kommt zu Besuch.

Ein Notfall auf der Arbeit passiert.

Ein Kind verpasst den Schulbus.

Ihre Lebensuhr tickt unaufhörlich weiter.
Inzwischen hat der Alltag schon ziemlich viel Zeit in Anspruch genommen.

Und Sie haben einfach keine Zeit dafür, sich einmal in Ruhe bei einem Glas Wein auf die Couch zu setzen und über Ihr Leben und über Gott nachzudenken.
Und am Sonntagmorgen möchten Sie nach einer anstrengenden Woche einfach auch mal liegen bleiben und nicht in einen langweiligen Gottesdienst rennen.

Wissen Sie was?
Ich verstehe Sie.

Das Leben ist wirklich anstrengend. Der Alltag beschäftigt uns schon genug. Da ist wirklich kaum mehr Zeit für irgendetwas anderes übrig. Und die Kirche ist oftmals wirklich langweilig.
Unsere Gemeinde in Datteln nehme ich davon einmal aus...☺

Aber ich möchte Sie an dieser Stelle dazu ermutigen, sich davon nicht abschrecken zu lassen.
Es geht nicht um Kirche. Es geht darum, dass Sie mit dem lebendigen Gott in Kontakt treten.
Und das verspreche ich Ihnen ist alles andere als langweilig!

Wenn es einen Gott gibt, dann ist er nicht irgendeine Priorität unter vielen. Dann ist er die oberste Priorität.

Gott sagt zu seiner Stellung in unserem Leben folgendes:

*Gebt nur Gott und seiner Sache den ersten Platz in eurem Leben, so wird er euch auch alles geben, was ihr nötig habt.*
*Jesus in Matthäus 6,33*

Da Ihnen nur ein Leben zur Verfügung steht, sollten Sie Gott nicht irgendwo hineinquetschen.
Überdenken Sie die Prioritäten in Ihrem Leben. Vielleicht können Sie lernen damit zu leben, dass die Wohnung nicht immer blitzblank geputzt und der Rasen nicht nach englischem Maßstab gepflegt ist. Vielleicht lässt sich auch die eine oder andere Überstunde vermeiden und die Hosen der Kinder können auch 2x getragen werden, bevor sie in die Waschmaschine wandern.

Sie sollten Gott an die erste Stelle in Ihrem Leben setzen. Erst dann sollten all die anderen Verpflichtungen kommen.

*Alle unsere Würde besteht also im Denken.*
*Blaise Pascal*

## Die Wette des Pascal

Ich möchte Sie einladen, sich am Ende dieses Buches (Sie haben noch ca. 10 Minuten vor sich...) auf eine Wette einzulassen. Diese Wette hat einmal der schon anfangs erwähnte Mathematiker Blaise Pascal angeboten.
Die Wette ist, wie ich zugebe, recht eigenartig. Und zwar geht es in dieser Wette um den Glauben an Gott.
Pascal argumentiert, es sei stets eine bessere „Wette", an Gott zu glauben, weil der Erwartungswert des Gewinns, der durch den Glauben an Gott erreicht werden kann, stets größer sei als der Erwartungswert im Falle des Unglaubens.

Die Bibel geht davon aus, dass wenn ich auf dieser Erde an Jesus Christus glaube, ich die Ewigkeit bei Gott im Himmel verbringe.
Wenn ich nicht an Jesus glaube, werde ich für alle Ewigkeit in der Gottesferne, die Bibel nennt diesen Ort Hölle, bleiben.

Mit seiner Wette versuchte er zu zeigen, dass es mathematisch vorteilhafter sei, an Gott zu glauben, als nicht an Gott zu glauben. Er hoffte, damit jene Menschen zu überzeugen, die theologische Argumente zurückwiesen.
Genau das beabsichtige ich auch...

Es gibt bei Pascal's Wette genau 4 Möglichkeiten:

1. Man glaubt an Gott, und Gott existiert – in diesem Fall kommt man in den Himmel und lebt ewig in Gemeinschaft bei Gott.

2. Man glaubt an Gott, und Gott existiert nicht – in diesem Fall gewinnt man nichts.

3. Man glaubt nicht an Gott, und Gott existiert nicht – in diesem Fall gewinnt man ebenfalls nichts.

4. Man glaubt nicht an Gott, und Gott existiert – in diesem Fall verbringt man die Ewigkeit in der Hölle.

|  | Gott existiert | Gott existiert nicht |
|---|---|---|
| **Glaube an Gott** | Himmel | 0 |
| **Kein Glaube an Gott** | Hölle | 0 |

Aus der Analyse dieser Möglichkeiten kam Pascal zu dem Ergebnis, dass es mathematisch gesehen in jedem Fall besser sei, bedingungslos an Gott zu glauben.

Ich möchte Sie daher zum Schluss dieses Buches dazu auffordern, sich auf diese Wette einzulassen.

Ergreifen Sie den Lebenssinn, den Gott Ihnen zugedacht hat.

**Gott will mit Ihnen in Gemeinschaft leben!**

**Das ist DER** *Sinn des Lebens.*

Und das bis in alle Ewigkeit.

Da die natürliche Beziehung des Menschen mit Gott aber gestört ist, muss Gott den Weg zu Ihm wieder frei machen.
Dazu hat Gott seinen Sohn Jesus Christus in diese Welt gesandt.

*17 Gott hat nämlich seinen Sohn nicht zu den Menschen gesandt, um über sie Gericht zu halten, sondern um sie zu retten. 18 Wer an ihn glaubt, der wird nicht verurteilt werden. Wer aber nicht an den einzigen Sohn Gottes glaubt, über den ist wegen seines Unglaubens das Urteil schon gesprochen.*
*Jesus in Johannes 3,17-18*

Die gestörte Beziehung zu Gott kommt dadurch wieder in Ordnung, indem der Mensch im Glauben annimmt, dass Jesus als Gottes Sohn vor 2.000 Jahren für die Schuld der Menschheit und damit auch für Sie ganz persönlich am Kreuz von Golgatha gestorben ist.

Durch den Glauben an Jesus ist für alle Menschen der Weg in die Gemeinschaft mit Gott wieder frei.

*Ich bin der Weg, ich bin die Wahrheit, und ich bin das Leben! Ohne mich kann niemand zum Vater kommen.*
*Jesus in Johannes 14,6*

Das zu erkennen und an Jesus zu glauben ist *Ewiges Leben*.

*Und das allein ist ewiges Leben: Dich, den einen wahren Gott, zu erkennen und an Jesus Christus zu glauben, den du gesandt hast.*
*Jesus in Johannes 17,3*

Mit Jesus auf Du zu sein – schon hier auf der Erde und bis in alle Ewigkeit – das ist der *Sinn des Lebens*.

Wie beginne ich aber ein Leben mit Gott an meiner Seite?

Am Anfang des Lebens mit Jesus steht der bewusste Entschluss dazu.

Der nächste Schritt ist, dass ich Jesus sage, dass ich ihn kennen lernen möchte und mein Leben mit ihm zusammen gestalten will.

Dazu finden Sie im nächsten Kapitel eine praktische Hilfe.
Dort finden Sie ein Gebet aufgeschrieben, welches Sie ganz persönlich beten dürfen.
In diesem Gebet können Sie Jesus sagen, dass Sie bisher ohne ihn gelebt haben und ab jetzt mit ihm leben möchten.
Sie dürfen ihm die Bereiche in Ihrem Leben nennen, wo Sie Schuld auf sich geladen haben und ihn bitten, Ihnen diese Schuld zu vergeben.

## Gebet zu Jesus

**um mit Ihm eine persönliche Beziehung zu beginnen...!**

Herr Jesus Christus, ich gebe zu, dass ich bisher mein Leben ohne Dich gelebt habe. Ich bin dadurch schuldig vor Dir geworden und habe bisher auch nicht nach Dir gefragt.
Ich bekenne Dir jetzt auch meine Schuld, die ich bisher in meinem Leben getan habe.

*TIPP*
*Nehmen Sie sich Zeit zum Nachdenken und schreiben Sie auf, in welchen Bereichen Ihres Lebens Sie Schuld auf sich geladen haben. Nennen Sie diese ganz konkret beim Namen und bitten Sie Jesus dafür um Vergebung.*

Ich bitte Dich, vergebe mir meine Schuld, die ich vor Dir habe und mache mich wieder gerecht durch das Blut, dass Du für mich am Kreuz vergossen hast.
Ich will ab jetzt mit dir leben. Ich möchte eine persönliche Beziehung zu Dir haben.
Herr Jesus, komm Du mit Deinem Heiligen Geist in mein Leben und mache mich zu Deinem Kind.
Verändere Du mein Leben so, wie Du es möchtest, und sei Du mein Herr.
Herr Jesus Christus, ich sage Dir jetzt Dank dafür, dass Du mich als Dein Kind angenommen hast.
Amen.

Auf den nächsten Seiten finden Sie einige Abschnitte aus der Bibel, die den Vorgang des Glaubens näher beschreiben.

**Erklärende Abschnitte aus der Bibel...**

*16 Denn Gott hat die Menschen so sehr geliebt, dass er seinen einzigen Sohn für sie hergab. Jeder, der an ihn glaubt, wird nicht zugrunde gehen, sondern das ewige Leben haben. 17 Gott hat nämlich seinen Sohn nicht zu den Menschen gesandt, um über sie Gericht zu halten, sondern um sie zu retten. 18 Wer an ihn glaubt, der wird nicht verurteilt werden. Wer aber nicht an den einzigen Sohn Gottes glaubt, über den ist wegen seines Unglaubens das Urteil schon gesprochen.*
*Jesus in Johannes 3,16-18*

*Ich bin der Weg, ich bin die Wahrheit, und ich bin das Leben! Ohne mich kann niemand zum Vater kommen.*
*Jesus in Johannes 14,6*

*10 Dasselbe sagt schon die Heilige Schrift: Es gibt keinen, auch nicht einen Einzigen, der ohne Sünde ist. 11 Es gibt keinen, der einsichtig ist und nach Gott fragt. 12 Alle haben sich von ihm abgewandt und sind dadurch für Gott unbrauchbar geworden. Da ist wirklich keiner, der Gutes tut, kein Einziger.*
*Paulus in Römer 3,10-12*

*23 Alle sind Sünder und haben nichts aufzuweisen, was Gott gefallen könnte. 24 Aber was sich keiner verdienen kann, schenkt Gott in seiner Güte: Er nimmt uns an, weil Jesus Christus uns erlöst hat. 25 Um unsere Schuld zu sühnen, hat Gott seinen Sohn am Kreuz für uns verbluten lassen. Das erkennen wir im Glauben, und darin zeigt sich, wie*

*Gottes Gerechtigkeit aussieht. Bisher hat Gott die Sünden der Menschen ertragen; 26 er hatte Geduld mit ihnen. Jetzt aber vergibt er ihnen ihre Schuld und erweist damit seine Gerechtigkeit. Gott allein ist gerecht und spricht den von seiner Schuld frei, der an Jesus Christus glaubt.*
*Paulus in Römer 3,23-26*


*1 Nachdem wir durch den Glauben von unserer Schuld freigesprochen sind, haben wir Frieden mit Gott durch unseren Herrn Jesus Christus. 2 Wir können ihm vertrauen, er hat uns die Tür zu diesem neuen Leben geöffnet. Im Vertrauen haben wir dieses Geschenk angenommen. Und mehr noch: Wir werden einmal an Gottes Herrlichkeit teilhaben. Diese Hoffnung erfüllt uns mit Freude und Stolz.*
*Paulus in Römer 5,1+2*


*6 Schon damals, als wir noch hilflos der Sünde ausgeliefert waren, ist Christus zur rechten Zeit für uns gottlose Menschen gestorben. 7 Kaum jemand von uns würde für einen anderen Menschen sterben, selbst wenn er schuldlos wäre. Es mag ja vorkommen, dass einer sein Leben für einen ganz besonders gütigen Menschen opfert. 8 Gott aber hat uns seine große Liebe gerade dadurch bewiesen, dass Christus für uns starb, als wir noch Sünder waren. 9 Wenn wir jetzt von Gott angenommen sind, weil Jesus sein Blut für uns vergossen hat, dann werden wir erst recht am kommenden Gerichtstag vor Gottes Zorn gerettet. 10 Als wir noch seine Feinde waren, hat Gott uns durch den Tod seines Sohnes mit sich selbst versöhnt. Wie viel mehr werden wir, da wir jetzt Frieden mit Gott haben, am Tag des Gerichts*

*bewahrt bleiben, nachdem ja Christus auferstanden ist und lebt. 11 Doch das ist nicht der einzige Grund, Gott zu loben und ihm zu danken: Schon jetzt sind wir ja durch unseren Herrn Jesus Christus mit Gott versöhnt.*
*Paulus in Römer 5,6-11*


*9 Denn wenn du mit deinem Mund bekennst: „Jesus ist der Herr!", und wenn du von ganzem Herzen glaubst, dass Gott ihn von den Toten auferweckt hat, dann wirst du gerettet werden. 10 Wer also von Herzen glaubt, wird von Gott angenommen; und wer seinen Glauben auch bekennt, der findet Rettung.*
*Paulus in Römer 10,9+10*

*Wer also dem Sohn vertraut, der hat das Leben;*
*wer aber dem Sohn nicht vertraut,*
*der hat auch das Leben nicht.*
*Johannes in 1. Johannes 5,12*

## Glückwunsch

So, jetzt sind 98 Minuten vorbei und Sie haben es fast geschafft.
Ich hoffe, dass Sie mir bis hierher folgen konnten. Ich vermute aber, dass Sie noch viele offene Fragen haben.
Daher möchte ich Sie jetzt dazu ermutigen, dass Sie den Kontakt zu einer christlichen Gemeinde in Ihrer Nähe suchen. Dort werden Sie Menschen finden, die Ihnen Ihre Fragen beantworten können und Ihnen dabei helfen werden, dass Sie auf Ihrem Weg mit Gott weiterkommen.

Haben Sie keine falsche Scham. Wir sind als Kirche zuallererst dafür da, den Menschen zu erklären, wie Sie Gott kennen lernen können. Das ist nämlich der wichtigste Auftrag, den Jesus seiner Gemeinde aufgetragen hat. Das ist sozusagen die Kernkompetenz der Kirche.

In seiner letzten Rede zu seinen Jüngern sagte Jesus folgendes:

*18 Da ging Jesus auf seine Jünger zu und sprach: „Ich habe von Gott alle Macht im Himmel und auf der Erde erhalten.*
*19 Geht hinaus in die ganze Welt und ruft alle Menschen in meine Nachfolge! Tauft sie und führt sie hinein in die Gemeinschaft mit dem Vater, dem*

*Sohn und dem Heiligen Geist!*
*20 Lehrt sie, so zu leben, wie ich es euch aufgetragen habe. Ihr dürft sicher sein: Ich bin immer und überall bei euch, bis an das Ende dieser Welt!"*
*Jesus in Matthäus 28, 18-20*


Also, legen Sie keine falsche Bescheidenheit an den Tag – suchen Sie sich eine gute Gemeinde in Ihrem Ort.

Für eine Beziehung ist es wichtig, sich Zeit füreinander zu nehmen. Machen Sie es mit Gott genauso. Nehmen Sie sich regelmäßig Zeit für Ihre Begegnung mit Gott.

Wie können Sie Gott begegnen?

Ganz einfach – in seinem Wort.
Holen Sie ihre Bibel aus dem Regal oder kaufen Sie sich eine und lesen Sie regelmäßig darin. Gott redet nämlich durch sein Wort zu Ihnen.

*16 Denn die ganze Heilige Schrift ist von Gottes Geist eingegeben. Sie lehrt uns, die Wahrheit zu erkennen, unsere Schuld einzusehen, uns von Grund auf zu ändern und so zu leben, dass wir vor Gott bestehen können.*
*17 Sein Wort zeigt uns, wie wir als veränderte Menschen fähig werden, in jeder Beziehung Gutes zu tun.*
*Paulus in 2.Timotheus 3, 16+3*


Vielleicht noch ein kleiner Tipp dazu.

Fangen sie beim Lesen der Bibel am besten mit den ersten 4 Büchern im Neuen Testament, den so genannten Evangelien an. Dort ist die Lebensgeschichte Jesu' aus 4 verschiedenen Perspektiven aufgezeichnet. Dann würde ich an Ihrer Stelle die Apostelgeschichte lesen. Darin ist aufgeschrieben, was die ersten Christen erlebt haben und wie sich die frühe christliche Kirche entwickelt hat.

Wenn Sie an weiteren Tipps interessiert sind, wie Sie Gott in Ihren Alltag integrieren können, kann ich Ihnen mein Buch „GOTT to GO!"[4] empfehlen...☺

Reden Sie umgekehrt auch mit Jesus. So wie Sie mit ihrem Partner sprechen, dürfen sie auch mit Jesus reden. Sagen Sie ihm alles, was Ihnen auf dem Herzen liegt.

So, jetzt bleibt mir nach 99 Minuten und 30 Sekunden nur noch übrig Sie zu beglückwünschen.

Sie haben den *Sinn des Lebens* gefunden!

*Wer also dem Sohn vertraut, der hat das Leben; wer aber dem Sohn nicht vertraut, der hat auch das Leben nicht.*
*Johannes in 1. Johannes 5,12*

---

[4] *Verlag: Books on Demand, ISBN: 978-3-8370-4609-0*
*Internet: www.gott-to-go.de*

## Weiterführende Literatur

Die Bibel in einer modernen Übersetzung
*„Hoffnung für Alle"*, *Brunnen-Verlag Basel und Gießen*

*„Leben mit Vision – Wozu um alles in der Welt lebe ich?"*, *Rick Warren, Gerth Medien GmbH, Asslar*

*„Pardon, ich bin Christ"*, *Clive Staples Lewis, Brunnen-Verlag, Basel und Gießen*

*„Die Bibel im Test"*, *Josh McDowell, Hänssler-Verlag, Neuhausen-Stuttgart*

*„Der Fall Jesus"*, *Lee Strobel, Gerth Medien GmbH, Asslar*